おもてなしのティータイムと
テーブルコーディネート

Tea Time & Table Coordinate

総合監修

一般社団法人 ジャパンテーブルコーディネート協会 代表理事　和田よう子

監修

煎茶コーディネーター＆アーティフィシャルフラワー　村上まこ

ティータイムコーディネーター　森 なお美

Contents

Prologue [プロローグ]

さぁ、お茶を楽しみましょう！

「A Nice Cup Of Tea〜一杯の美味しい紅茶を！〜」が
イギリス人の合言葉だといわれるほどイギリスの人々はお茶を愛しています。
また、私たち日本人も無類のお茶好きといっても過言ではないほど、
お茶をとても身近なものと感じ、そして、無くてはならない存在だと思うのです。

お茶を飲むと一言でいっても、そのシーンはさまざま。
アフタヌーンティー、ハイ・ティー、記念日、女子会、誕生日パーティ、
就寝前にいただくアフターディナーティーなど、
生活の要所要所にお茶は必ずといってよいほど登場します。

どなたの心にも記憶に残る素敵なティーシーンがあるのではないでしょうか？

「さぁ、もっとお茶を楽しみませんか？」

この書籍にはおもてなしのティータイムとテーブルコーディネートがたくさん詰まっています。
ページをめくり、そのシーンの楽しさ、お茶の美味しさを少しでも感じていただけたら幸いです。

和田よう子

突然ですが、みなさんは「お気に入りのカップ」を
お持ちですか？
初めて購入したもの
お嫁入り道具にそろえていただいたもの
プレゼントでいただいたもの
旅先で見つけたもの…

お気に入りのカップにティーを注げば
きっとその時の思い出も蘇ることでしょう。

食器棚に眠っているカップたちだって
想いを込めてしつらえれば
また一つカップに歴史が刻まれます。

ぜひ、みなさんのお気に入りのカップで
素敵なティータイムをお過ごしください。

Chapter 1

お茶の楽しみ方

How to enjoy tea?

Chapter 1

Myプチトリアノンへようこそ
─煌く春のティータイム─

Coordinate：和田よう子

柔らかい日差しに導かれ、
小鳥の囀りが聴こえてくるうららかな午後。
マカロンやギモーヴ、ケーキをセットした
麗しい紅茶の時間。
とっておきの器は初めてご披露する
マリー・アントワネット。
そんな王妃を象徴する
優しい小花柄があしらわれた
お気に入りのアイテムと共に過ごす
とっておきのひと時…

ピンクでまとめた愛らしいティーフードを並べながらゲストの笑顔を思い描く、淑女のアフタヌーンティー。
香り高い紅茶、焼き菓子の甘い香り、そして、ピンクに輝くロゼスパークリングを添えてテーブルを彩ります。
束ねたフラワーブーケをキャンドルスタンドにしつらえたらおもてなしは完成。
マリー・アントワネットが愛用していたテーブルウェアにあしらわれていたモチーフをオマージュした「王妃愛用の復刻版」ともいえるプレートを使用したコーディネートです。
それは女性ならではの楽しみ。さぁ、アフタヌーンティーを楽しみましょう。

Tableware:ル・ノーブル
Place:オーベルジュ・ド・リル トーキョー
Sweets:佐藤亮太郎(RS conseil)

My プチトリアノンでのとっておきのおもてなしには、
スイーツが醸しだす世界観にもとことんこだわって。
絵本から飛びだしたようなスイーツには
カトラリーを入れるのが惜しいくらい！
少女色を身に纏ったスイーツは
その味わいにも驚かれるはず。
美味しさにゲストの表情が和らいだら、
おもてなしは大成功です。

たっぷりのティーフードを準備すれば、それだけで会話も
弾むもの。こだわりのスイーツひとつ一つをしっかりゲス
トに楽しんでいただけるよう、ドリンクもたくさん用意し
てお迎えします。
紅茶はもちろん、アルコールもスイーツの引き立て役。ゲ
ストの好みに合わせたティーフード＆ドリンクでおもてな
しすれば、いつもの空間があなただけのMyプチトリアノ
ンに変身します。

Tableware: ル・ノーブル
Place: オーベルジュ・ド・リル トーキョー
Sweets:佐藤亮太郎（RS conseil）

お茶の学びを深めましょう

1日何度も口にするお茶。では、そのお茶についてご存知ですか？
いっしょに「お茶」についての知識を深めましょう。

馴染み深い日本茶や紅茶、ウーロン茶は基本的に「カメリアシネンシス」というツバキ科の常緑樹から作られます。それぞれ、味、見た目、香りまでも異なりますが、それは「製法」の違いによるものです。その「製法」の中でも大きな要となるのは発酵を促す「酵素」の働きです。たんぱく質で構成されている「酵素」は、熱やphの変化で失活（動きを失うこと）するという特徴があり、その特徴が茶葉の製法に大きく関わっているのです。ここでは、お茶を大きく3つに分けてご紹介します。

※カメリアシネンシスは細かく分類すると、温暖な地域での栽培に適した紅茶向きの「アッサム種」と寒冷地でも栽培が可能な緑茶向きな「中国種」に分類することができます。

お茶の分類

不発酵茶（緑茶）

茶葉を摘み取った後、すぐに「炒る」「蒸す」「炙る」「干す」等の手段で茶葉に熱を加えます。そうすることで、酵素が失活し、発酵しない状態のお茶ができあがります。茶葉を発酵させずに仕上げるので、茶葉は鮮やかな緑を保ちます。

．．．

発酵茶（紅茶）

茶葉を摘み取った後、適度な湿度と温度の環境に保ち、酵素の働きを活性化させます。そうすることで酵素がしっかりと働き、発酵が進みやすくなります。完全に発酵させることで茶葉は深みを帯びた茶に色を変えます。

．．．

半発酵茶（烏龍茶）

茶葉を発酵させる手段は発酵茶と同じなのですが、その発酵の途中で熱を加え、発酵を止めて作ります。代表的なお茶は烏龍茶ですが、その発酵の具合によって「白茶」「黄茶」「青茶」などに分類することができます。

お茶という言葉がつくのは他にも「ジャスミンティー」「ルイボスティー」「昆布茶」「ハーブティー」など、さまざまあげられますが、茶樹以外から作られるお茶をまとめて「代用茶」や「茶外茶」と呼ばれます。
お茶への嗜好は人それぞれですが、コーヒーに比べて紅茶が「苦手」という人が少ないのは、製法は違っていても元々同じ茶葉から作られていることに理由があるのかもしれませんね。

日本茶の淹れ方

必要なアイテム
・茶器　・急須
・茶碗　・茶托
・湯　　・湯さまし
・茶葉　・茶筒　・涼炉

1

急須の中に沸かし立ての熱湯を注ぐ。

2

蓋をして、手首を回すようにして急須全体にお湯を回し、温める。

3

急須を温めた後、湯を捨て、茶筒から人数分（1人3g）の茶葉を取出し、急須に入れる。

4

お湯を注ぎ、蓋をして茶葉を蒸らす。

5

茶葉を蒸らしている間に茶碗を温める。

6

お茶の濃さ、量をみながら均等になるように注いでいく。

7

最後の一滴まで静かに注ぎ切る。

作法指導：煎茶道師範　村上まこ

11

紅茶 ―世界三大銘茶―

紅茶といってもその種類はさまざま。ここでは紅茶を代表する
「世界三大銘茶」について学びましょう。

紅茶は「味」「香り」「水色（紅茶の色）」という3つの要素から美味しさを表現することができます。そして、その3つの要素をバランスよく含んだ紅茶が「世界三大銘茶」といわれる以下の紅茶です。

紅茶の分類

ダージリン（インド）

「紅茶のシャンパン」と称えられるダージリン。インドのダージリン地方で栽培され、収穫時期により細分化されます。

・・・

ウバ（スリランカ）

スリランカ南東部でも、中地から高地で生産されるウバは、日中の高温と夜間の冷気にさらされることによりサロメチール香を纏っています。その爽快な特有の香り、深みのある水色、コクのある味わいが特徴で、7月から9月にかけてがクオリティーシーズン。ストレートティーはもちろん、ミルクティーもおすすめです。

・・・

キーマン（中国）

中国の安徽省祁門県で作られ、蘭の花にも例えられるふくよかながら、スモーキーな香りに人気も高く、この高貴ともいえる印象的な香りに対し、味わいはすっきりとしていて、まろやかです。紅茶のブルゴーニュとも称され、エリザベス女王も愛してやまない紅茶といわれています。

■ファーストフラッシュ：春摘み（3月中旬～4月中旬）
春に芽吹いたまだ若い茶葉を摘み取って作られる。グリニッシュ（若々しい、青みを感じる）な香りが特徴で、ファーストフラッシュならではの甘みを持つ。この甘みは「シルバーチップ」と呼ばれる白みがかった茶葉によるもので、希少性から高値で市場に出回る。
■セカンドフラッシュ：夏摘み（5月中旬～7月中旬）
ダージリン特有のマスカットフレーバーを持ち合わせ、この気高くも繊細な香りはダージリンセカンドフラッシュ特有のものである。水色も鮮やかで、まろやかな味わい。
■オータムナル：秋摘み（10月中旬～11月中旬）
太陽の恵みをしっかりと受け、成熟した茶葉から作られる。そのため、水色が濃く、タンニンを感じられる奥深い味わいが特徴。

紅茶の淹れ方

紅茶の淹れ方にはさまざまな流派がありますが、協会ではポットを2つ使用する「2ポット方式」を推奨しています。1つ目のポットで紅茶を抽出し、一気に2つ目（サーブ用）のポットに注ぎ入れることで濃さが均一な紅茶を淹れることができるためです。また、抽出の際に茶葉を揺すってしまうと、茶葉のえぐみや渋みがでてしまいます。この揺れを最小限に抑える効果もあるのです。同じ茶葉、同じ茶器で紅茶を何度も淹れていくと、蒸らし時間による抽出の具合や茶葉の量など、好みがでてくるものです。何度も紅茶を淹れて、あなた好みの紅茶の淹れ方を見つけてくださいね。

1
茶こし付きのティーポットとティーカップに湯を注ぎ、温めておく。

2
ティーポットの湯を捨て、人数分（1人3g）の茶葉を入れる。

3
沸かし立てのお湯(1人150ml)を高い位置から勢いよく注ぐ。

4
茶葉が自然にジャンピングしだすので、茶葉に合わせて数分放置し、抽出させる。

5
抽出させたらポットを揺すらないように注意しながら、サーブ用のポットに一気に注ぐ。

6
最後の1滴（ゴールデンドリップ）までポットに注ぎきる。

7
カップの湯を捨て、ティーストレーナーを使用しながら紅茶を注いでいく。

カップの楽しみ

ティータイムの必須アイテム「カップ&ソーサー（C/S）」
色、フォルム、模様はさまざまで、より素敵なティータイムを演出してくれます。

基本的にポットとカップ&ソーサーはおそろいの柄のものを使用します。そのポットとカップ&ソーサーを中心にしつらえれば、ゲストをおもてなしするのによりピッタリなテーブルコーディネートが完成します。このページでは個性あふれるカップ&ソーサーをご紹介します。ぜひ、お気に入りのものを手に入れて、とっておきのティータイムを楽しんでくださいね。

18世紀ごろのフランスでは、紅茶をいただく際、ポットを使用せず、カップの中に茶葉と熱湯を入れ、茶葉を抽出していました。そして、抽出した紅茶を、ティーボウル（現在でいうソーサー）に移し替えて飲んでいたという歴史があります。そのため、カップには取っ手が無く、ソーサーは深い形をしていることが分かります（左写真参照）。近年見かけることはほとんどありませんが、まれにアンティークショップなどで見かけることもあります。

1775年創設のエインズレイは、イギリス王室や多くの貴族たちが愛用したイギリスの陶器メーカーです。
紅茶が大衆の間で広がっていくと、19世紀には紅茶が大好きなイギリスで「紅茶占い」が大流行します。この占いは、ティーリーフリーディングといって、紅茶を飲み終わった後、ティーカップに残った茶葉の形を見て占います。当時、さまざまな柄の占い用カップが生産されたのですが、トランプ柄、星座柄、シンボル柄が主流となっているようです。
エインズレイの1904年に考案されたデザインを活かしたフォーチュンテリング ティーカップ&ソーサーがあなたの未来を占います。
（右上写真参照）

ティーポット、カップ＆ソーサー、シュガー、クリーマー、ケーキプレート等、ティータイムに使用するアイテムは同じ柄でそろえるとテーブルに統一感が生まれます。「もっとお茶目に楽しみたい」というシーンでは、同じ柄で色違いのカップ＆ソーサーを使用するのもおすすめです。（左写真参照）
ナルミの「フェリシータ！」シリーズは、柔らかなパステルカラーとハンドル部分に施されたリボンが特徴のティーカップ＆ソーサーです。ティーシーンではゲストのパーソナリティーに合わせ、ホストがゲストに使用していただくカラーをセレクトしてもいいですし、好きなカラーを選んでいただくのも楽しみのひとつ。そんな器選びから会話が広がります。

ティーカップは紅茶の香りや水色を楽しめるように、カップ全体がボウル状で、口元の生地が薄く作られています。また、ハンドルの上部がカップの淵あたりまで来るように少し高い位置に取りつけられているのが特徴です。
それに対し、コーヒーカップは保温性を重視し、口元も含め、全体的に厚めの生地で、カップを横から見た時にティー専用のものよりも背が高く作られているものがほとんどです。
でも、最近ではスタイリッシュなスタイルの人気から、カップの底に丸みが無く、横から見た時にストレートラインが特徴的なカップでも「ティー用」として販売していたり、「ティー・コーヒー兼用」として販売している洋食器メーカーもあります。どちらでなければならないと固く考えず、基本的な違いを踏まえた上で、おもてなしのテーブルの印象やドリンクの種類に合わせてティーカップ＆ソーサーをセレクトしてもよいのではないでしょうか？おもてなしは「気持ちを伝える手段」ですので、ぜひ、あなたの発想でセレクトしてみてくださいね。

（写真左下）ティーカップ＆ソーサーにティープレート（ケーキプレート）をそろえた3点を「トリオ」といいます。クラシカルなティーシーンではケーキスタンドに人数分のティーフードが盛りつけられていたため、1人ずつ取り分けるためにケーキプレートを使用していました。
（写真中央）ポーセリンアートの普及により好きな転写紙を使用しオリジナルのティーセットを作る楽しみも広がっています。
（写真右下）陶磁器製のものだけでなく、シルバーやガラス製のカップ＆ソーサーも素敵ですね。

Tableware: ル・ノーブル／（株）イサジ Primitive陶舎 花＊花／STUDIO 010／おけいこサロンetre
Place: ホテルグランヴェール岐山

お茶とお菓子のマリアージュ

家事の間に「ほっ」と一息。友人とわいわい賑やかに、ゲストにはおもてなしの心を込めて…

一言で「お茶のシーン」といっても楽しみ方やテーブルを囲むメンバーはさまざまです。
それでも変わらないのは「お菓子がお茶のシーンをより印象的に引き立てる」ということ。
ここではお茶のシーンを楽しむ季節ごとのティーマリアージュをご紹介します。

1月 － January －

フランスでは公現祭より「新年のお菓子」として親しまれている「ガレット・デ・ロワ」。バターとナッツの風味がより楽しめるよう、紅茶を合わせるのがおすすめです。
その中でも、新年の華やかな印象に合わせてローズティーをセレクト。ガレット・デ・ロワの中に隠されたフェーブが当たりますように！今年一年の幸運をケーキに託します。
ローズの華やいだ薫り高い紅茶といただく特別な時間です。

2月 － February －

窓の外には月夜に照らされる真っ白なキャンバスが広がります。凛とした空気を感じながら過ごす大人のバレンタイン。思わず手に息を吹きかけたくなるそんな日は、ティータイムで心と身体を温めましょう。ハート形のお手製ラスクはビターなカカオにディップして。優しい甘さが体を温める黒ごまラテで、大切な人と過ごすまったりした時間です。

3月 −March−

女子の健やかなる成長を祈る「ひなまつり」。朗らかな少女の笑顔に似合うように仕上げたお菓子は、アレンジした白餡をカステラでサンドしたもの。合わせたいお茶は「甜茶」です。薬草茶でありながら、仄かな甘みを感じさせる甜茶から、自然のエネルギーを受け取ります。雪解けを待ちわびた草花たちの成長には、可愛いあの子の笑顔を重ねて。穏やかな気持ちにさせてくれる、麗らかなティータイムを楽しみましょう。

4月 −April−

キリストの復活祭「イースター」には、イースターのアイコンのひとつでもある「卵」がたっぷり入ったお菓子をカラフルにアレンジ。賑やかに楽しみたい行事だからこそ、ていねいに淹れたダージリンのファーストフラッシュとともにお祝いしましょう。甘い香りと味わいに、会話も弾むこと間違いなし。爽やかな風によく似合うフレッシュな紅茶の香りが、その場を囲む誰をも笑顔に変えてくれることでしょう。

5月 −May−

マグノリアが咲く頃。この時期は、バタフライピーを淹れてアジアンマダム気分で優雅なひと時を楽しみませんか？バタフライピーとは、マメ科の植物の花から作られたお茶。アントシアニンを豊富に含んだ鮮やかなブルーが特徴です。そのブルーを引き立てるのは台湾のメーカー、フランツのティーセット。大胆ながらも華奢なフォルムに魅了されます。引き立てるような爽やかなカラーのお菓子を選べば、お茶が主役に早変わりです。

6月 −June−

梅雨の時期こそ気分は明るくいたいもの。フレッシュな茶葉で新茶の水出し茶を味わいましょう。一口お茶を口にすれば、じめじめした気持ちも一瞬にして吹き飛びそう。水色も確かめられるよう、ガラス器で涼やかに。水だし新茶ならではの甘みととろみを引き立てるのは、口どけ柔らかな和三盆。爽やかなカラーを選べば、清涼感や季節感がたっぷり感じられる大人のティータイムが始まります。

7月 －July－

夏の暑さを感じる季節には、背筋をしゃんと伸ばし、お抹茶を点て、気持ちを引き締めます。お菓子は季節の「鮎」モチーフを用意。清流と称えられる長良川が流れる岐阜や、鴨川を有する京都では、夏の訪れと共に鮎のお菓子が並び、季節の訪れを知らせます。川のせせらぎに身を委ねる鮎の姿に「涼」を求めて―。この季節を共に楽しみましょう。

8月 －August－

太陽の日差しをたっぷりと浴びながら、南国を思わせるガーデンティーパーティなんていかがでしょう？　大きなデキャンタにたっぷりのフルーツと清涼感あふれるハーブを入れたら、オリジナルブレンドティーのできあがり！グラスたっぷりに入れた大きな氷がカラリと音をたて、パーティの幕開けを知らせます。

9月 －September－

9月9日は重陽の節句。陰陽指数では陽の最大数である「9」が重なることから強い気を祓うため、そして旧暦で9月9日は菊が咲く季節であることから行われる節句です。餡がたっぷりと詰まった月餅には、甘みをすっきりと感じさせてくれる中国茶が相性抜群。グラスの中でゆらゆら踊る菊とジャスミンの工芸茶が心を穏やかにし、節句の気分を高めます。

10月 －October－

窓の外の景色が色づき始めたら、味わいに深みを感じられるお茶で体を温めましょう。茶葉を焙煎して作るほうじ茶には渋み、苦味が少なく、その香ばしい香りから食事にもぴったりとされています。みんなが大好きな栗どら焼きをほおばりながら、たっぷりのお茶で召しあがれ。

11月 －November－

11月1日は紅茶の日。これは、ロシアで日本人が初めて正式なお茶会にお招きされ、紅茶をいただいたことが由来とされています。ロシアといえばその昔、砂糖が貴重だった時代、濃い目に入れた紅茶をジャムといっしょにいただいていました。ジャム×紅茶の組み合わせをロシアンティーといいながら、現代では世界中でそのスタイルを変えているようです。寒さ深まる季節には甘いロシアンティーで遠い遠い昔の先人に想いを馳せて…。

12月 －December－

待ちに待ったクリスマス。甘いクリスマスケーキを囲むのもよいけれど、サンドイッチの具材で作る食事系ケーキ。ケーキとサンドイッチを組み合わせた「Cakewich」はその珍しさと華やかさからパーティの主役にふさわしいアイテム。身体をぽかぽか温めるジンジャーティーをたっぷりと用意して、お腹も心も満たされる、とびきりのセレモニータイムを過ごしましょう。

Styling: 森 なお美　Food協力: 八昇製菓（株）
ローストチキン＆ジェノベーゼペーストケーキイッチ／日本サンドイッチ協会

テーブルイメージ解説

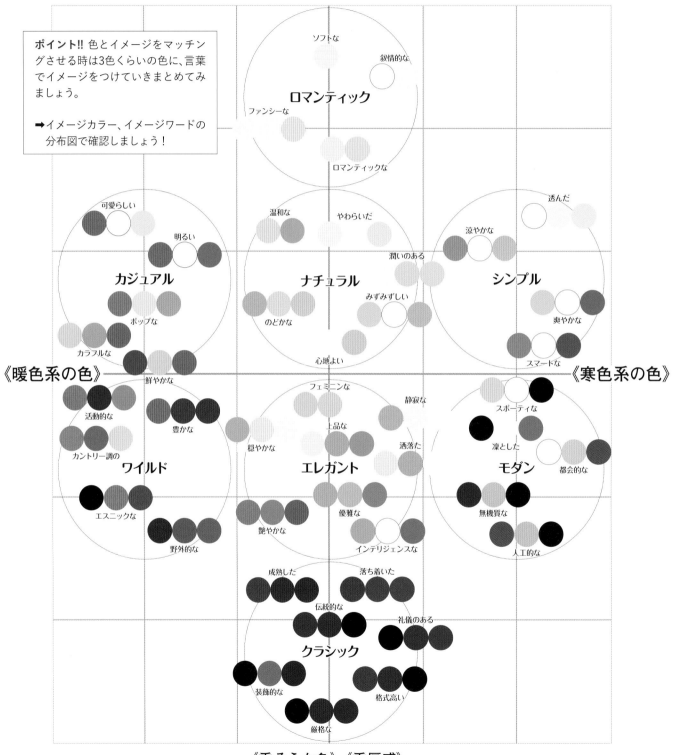

《軽やかな色》《軽量感》

ポイント!! 色とイメージをマッチングさせる時は3色くらいの色に、言葉でイメージをつけていきまとめてみましょう。

➡ イメージカラー、イメージワードの分布図で確認しましょう！

ソフトな
叙情的な
ファンシーな
ロマンティックな
ロマンティック

可愛らしい
明るい
温和な
やわらいだ
透んだ
涼やかな
潤いのある
カジュアル
ナチュラル
シンプル
ポップな
みずみずしい
爽やかな
カラフルな
のどかな
スマードな
心地よい

《暖色系の色》
鮮やかな
フェミニンな
静寂な
スポーティな
《寒色系の色》
活動的な
豊かな
上品な
洒落た
凛とした
都会的な
カントリー調の
穏やかな
ワイルド
エレガント
モダン
無機質な
エスニックな
艶やかな
優雅な
人工的な
野外的な
インテリジェンスな

成熟した
落ち着いた
伝統的な
礼儀のある
クラシック
装飾的な
格式高い
厳格な

《重そうな色》《重厚感》

22

基本のセッティング ～Table Setting～

テーブルにお皿を置いてみましょう。

イギリス式

イギリス式は、フォークプロング（上部）が上を向いています。

フランス式

フランス式はフォークプロング（上部）が伏せられています。これはプロング部分に刻印された家紋も見せるためといわれています。

〈正式な時は白のナプキンをプラスする〉

正式な時は真っ白の麻のリネンを折ったまま置きます。（ナプキンワークは施しません）

グラスのセッティング方法

いくつかパターンがありますが、
ここでは2つのセット例をお見せします。

右手前、ナイフの刃先の上に右から左へ白ワイン、赤ワイン、ゴブレットの順にセッティング。

グラスをダイヤ型に配置。右手に白ワイン、そのとなりに赤ワイン、一番後ろにゴブレットを配置します。

テーブルのセッティング方法

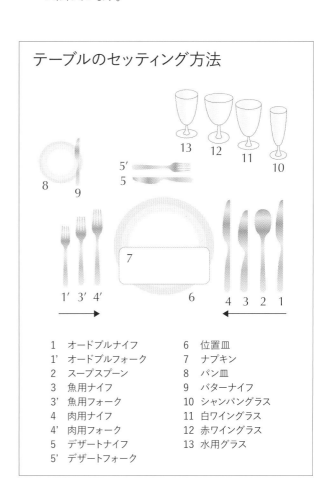

1	オードブルナイフ	6	位置皿
1'	オードブルフォーク	7	ナプキン
2	スープスプーン	8	パン皿
3	魚用ナイフ	9	バターナイフ
3'	魚用フォーク	10	シャンパングラス
4	肉用ナイフ	11	白ワイングラス
4'	肉用フォーク	12	赤ワイングラス
5	デザートナイフ	13	水用グラス
5'	デザートフォーク		

華やかな花々はその空間をより一層魅力的に演出してくれます。
そこで、おすすめするのはアーティフィシャルフラワーです。
最近では本物の花と遜色ないほどの高品質なものを
手軽に入手できるようになりました。
造花ですので、水遣りなどのお手入れの必要がなく
枯らしてしまう心配もないのもいいですね。

花に香りがないため、紅茶やコーヒーなどの香りを
邪魔することもありません。
また、彩りもさまざまなので、ティーシーンの
コンセプトに合わせた豊かな表現が可能です。
本書では全コーディネートにアーティフィシャルフラワーの
アレンジメントを使用しています。
みなさんもぜひ、ティーシーンにアーティフィシャルフラワーを
取り入れてみてください。

Chapter 2

紅茶のシーン

Scene of the "Tea"

Chapter 2

Tasting Tea Time
―ファーストフラッシュの
香りと共に―

Coordinate：和田よう子

紅茶の仲間と毎年楽しみにしているこの季節。
お気に入りの茶園からファーストフラッシュが届いたら
早速今年の紅茶のできを楽しみます。
繊細な水色を引き立てるために
お気に入りのカップ＆ソーサーを並べて
友人の到着を待つ時間も特別な瞬間。
淹れたてのファーストフラッシュのみずみずしい香り。
口に含んだ瞬間に広がる柔らかな甘みが
甘美の世界へいざないます。
今年も上出来。
セカンドフラッシュへのさらなる期待を高めて
紅茶トークが弾みます。

ファーストフラッシュの若々しさを感じる香りのイメージ
や、繊細かつエレガントな風味に合わせて、エインズレイ
「イングリッシュヴァイオレット」を中心にコーディネート。
ティーポットがあしらわれたシルバーアイテムや2段プレー
トがカジュアルなティータイムの中にもクラシカルなア
フタヌーンティーの要素を伺わせ、気軽な女子会を盛りあ
げます。
フリルが印象的な花々を軽くブーケに束ね、女性が集う場
にピッタリなアレンジに仕上げました。

Tableware: ル・ノーブル
Place: ホテルグランヴェール岐山

今宵、未来のPrincipalへ

Coordinate：和田よう子

トゥシューズを履き、チュチュを身に纏い、
ステージを優雅に舞う可愛い姪。
キラキラとした目を輝かせながら、大きな夢と共に
バレエの世界へ飛び込んだ幼少の頃が懐かしい。
青春をバレエに捧げ、ひたむきに夢を追いかける姿は
いつでも私に勇気をくれました。
すっかり大人っぽくなったリトルレディには、
とっておきのティータイムをプレゼント。
さぁ、海を渡り、さらなる高みへ挑むあなたへ
私からのはなむけを―。

少女の華奢で可憐なイメージに、高貴な香りのダージリン・
セカンドフラッシュを添えた、リトルレディにふさわしい、
「ちょっぴり背伸び」した少女のためのコーディネート。
柔らかなアイスグリーンとモチーフが特徴のナルミ「グレ
イスエア」が品格を称えます。
ボールブーケは比較的、テーブルやプレートにそのままセ
ッティングすることが多いのですが、スタンドを利用し、
立体的にしつらえることで、テーブルに高低差と動きがう
まれます。華やかなテーブルにピッタリなアレンジ方法の
一つです。

Tableware: （株）イサジ Primitive陶舎花＊花
Place: ホテルグランヴェール岐山

春待ちの庭と
薔薇いっぱいのSunroom

Coordinate：新開幸代

一面に積もった雪が部屋を照らす2月、集うのはチョコレートを手にしたバラ仲間。
春を待ちわびるのは私たちだけでなく、庭の草木もいっしょ。
そんな時には、庭の満開のバラをイメージしたバラ柄の
ポーセリンアート食器を使用して春への期待を高めましょう。
さぁ、ダージリン・オータムナルの準備もできました。
チョコレートのお菓子にもバラが咲いてます。
春に満開のバラが咲くことを願い、明日からの庭仕事に精をだしましょうね！

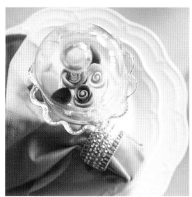

春を待ち遠しく思う気持ちを表現するため、華やかに香るバラ園をイメージして、ポーセリン
アートでプレートやお重を作りました。
女子会バレンタインには、心躍るようなピンクをたっぷりと取り入れて。もちろん、バラ好き
が集うのですからお菓子もバラのモチーフがいっぱいです。
庭仕事は地味な作業ですが、期待いっぱいに庭仕事を語るティータイムは華やかに演出！ 満
開の春バラは私たちへの最高のご褒美です。

Tableware: おけいこサロンetre
Place: ホテルグランヴェール岐山

北欧Japanism

Coordinate：和田よう子

北欧へ旅立つ際、友人から受け取った器たち。
遠い日本の故郷を思いだして
ティータイムを楽しみます。
この地で親交を深めた日本人の友たちも
懐かしそうに器を手にします。
温かい時間が流れ、紅茶の香りが空間を満たす時、
北欧と日本のおもてなしが交差します。

長崎・波佐見焼、利左エ門窯の「とびかんな」は、親し
みやすくもアーティスティックな印象を併せ持つ器。無機
質になりすぎず、どこかほっこりする佇まいは、どんなシー
ンにおいてもその用途の可能性に驚かされます。箸置き
も時にはピックを添えてプチトレーに。そんな遊び心も心
地よいもの。
和食器にあえて無機質なシルバー×ゴールドを加えること
で、現代的なモダンな装いに。
薫り高いウバがより一層おもてなしのシーンを彩ります。

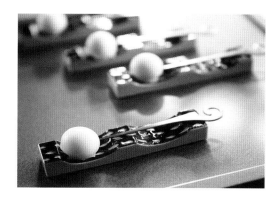

Tableware: (株)利左エ門
Place: Buona Tavola Tricolore

Chapter 2

Toile de Jouyの世界で

Coordinate：新開幸代

楽しかったフランス旅行。
景色、街並み、空…フランスのすべてに魅了され、
どれだけあったとしても足りない滞在時間。
ヴェルサイユ宮殿の圧倒的な佇まいを
一目見た瞬間から息をのみ、一歩足を踏み入れてみれば、
空想のヒストリーのように感じていた
マリー・アントワネットの存在がすぐそこに…。
そんな旅の話を娘たちにしたくて、急遽決まったティータイム。
マリー・アントワネットの世界観に近づけるように
王妃が愛用していたというトワルドジュイを広げましょう。
優雅なお茶時間、娘たちも興味津々に私の話に耳を傾けます。
次の訪仏は娘たちといっしょに…。

18世紀にフランスで生まれたトワルドジュイ。当時（18〜
19世紀にかけて）は、オベルカンフ製作所で作られた柄
の綿織物全般をトワルドジュイと呼んでいました。王族、
貴族の御用達となったオベルカンフ製作所ですが、かの
フランス王妃、マリー・アントワネットも、この製作所に
何度となく足を運ぶほどトワルドジュイに魅了されていた
ひとりだといわれています。
テーブルクロスとポーセリンアートで作った食器はトワル
ドジュイのブランコの女の子。
白い花を添え、日常のお茶時間をイメージしました。

Tableware: おけいこサロンetre
Place: ホテルグランヴェール岐山

ゲストの来場時間にばらつきがある場合や、カジュアル感を演出したい時には、ゲストが途中参加しやすく、好きなタイミングで食事をいただくことができるビュッフェスタイルがとっても便利。さまざまなメニューが同時にテーブルに並ぶので、より華やかな空間を演出することが可能です。

それぞれの食事を引き立てられるよう、ビュッフェスタイルでは"高低差"を意識して盛り付けるのがポイント。

春らしいイエローと、可愛らしさを感じる白×黒のチェック柄でコーディネートをしつらえれば、心がうきうき踊るセッティングのできあがり！

ディンブラとグレープフルーツジュースで作る、見た目も味わいもすっきり爽やかなセパレートティーがゲストを華やかに迎えます。

Chapter 2

Italy Style Easter "Pasqua"Buffet

Coordinate : 吉田未来

今日は新居のお披露目パーティ!! 大好きなイタリアンを囲んだ
「Pasqua」(イースターのイタリア語)を楽しみます。
パーティタイムは「tutto il giorno (一日中)!!」
好きな時に来て、時間が許す限り楽しんでほしいから
ビュッフェスタイルでおもてなしです。
あ、ほら、またチャイムの音！次のゲストはどなたかしら？
ゲストを迎えるたびに笑い声が重なり、笑顔の輪が広がります。

Tableware: (株)イサジPrimitive陶舎花＊花 金正陶器(株)
Place&Food: Buona Tavola Tricolore

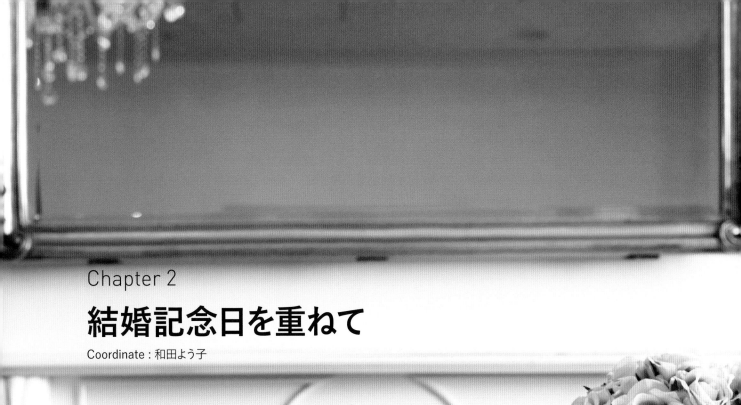

Chapter 2
結婚記念日を重ねて
Coordinate：和田よう子

「今日で何度目の記念日かしら」
思い出のブーケを眺めながら夫婦で語るティータイム。
とっておきのチケットは夫からのプレゼント。
シャンパーニュで火照った頬を
アイスティーでクールダウンさせたら
オペラ鑑賞へ向かう足取りも軽い。

華やかなシーンをより煌びやかに演出するのはゴールドを
纏ったテーブルウェアたち。その中でも2枚重ねたクラシ
カルモチーフのプレートは存在感を放ちます。
歴史を感じさせながら、どこか垢抜けた印象を抱かせる
のはガラスが持つ魅力のひとつ。記念日を彩るのにふさわ
しいアイテムです。

Tableware: ル・ノーブル
Place: ホテルグランヴェール岐山

Chapter 2

ノエルのお誘い
～今宵大人女子の
クリスマス夜会を愉しむ～

Coordinate : 宮地美子

今夜は気のおけない大人女子で集まってクリスマスを楽しみましょう…
といいつつも、いつも時間が足りないから、明るい時間に大集合。
まずはシャンパーニュで乾杯！ グラスとグラスを合わせれば、
華やかなパーティのスタートの合図です。
いくつになっても女子だもの。3段スタンドにはティーフードをたっぷり準備して、
いつまでも尽きないお話と共に香り豊かな紅茶を楽しみます。

女性ならみんな大好きなアフタヌーンティーを大人女子のために準備しました。赤い小花が
あしらわれた、お気に入りのリチャード・ジノリのティーセットが、自宅でのティーパーティ
をよりエレガントにしつらえます。
いつまでも続く会話に十分なアールグレイをカップにたっぷりと注いでいただきます。
シャビー感のあるピンクベースのお花をあしらって、いつまでもときめきと煌めきを忘れない、
女性にピッタリな空間を演出します。

Place: Casa de Olivo 〜Oliveの家でおもてなし〜
JTS指定認定校枚方校

Non-Alcohol Night
〜秋の夜長に〜

Coordinate：新開幸代

残暑厳しくも、時折聴こえる虫の声に秋の訪れを感じる季節。
今日は秋の夜長を楽しもうと、
友人を集めて夕暮れ時のティータイムです。
毎日忙しく過ごしている友人たちが
それぞれに仕事を片付け、次第に集まってきました。
美味しい食事やお茶（時にはお酒）と共に
盛りあがる旅の計画は私たちのお約束！
次はどこへ行こうか？ いつまでも話は尽きません。
「夜も更けてきたけれど、今日はお酒はお預け
みんな明日も早いんだから…」
今日は集まってくれてありがとう！
みんなに活力をもらって明日からまた頑張れそうです。

陽が落ちて涼しくなったこの時間には
温かいアップルローズティーでおもて
なし。テーブルのアクセントに取り入
れたゴールドとポットに浮かべたロー
ズの蕾がゴージャスに演出してくれま
す。
香りが豊かなフルーツティーには、紅
茶に合わせたりんごのスイーツや季節
感が味わえるマロンスイーツの組み合
わせがピッタリ。
夏の名残を最後まで楽しもうと取り入
れたガラスのテーブルウェア、大人の
雰囲気漂うダークなカラーに合わせた
可愛らしいスイーツと姫りんごが、秋
の夜長に相応しい大人のティータイム
を作ります。

藍色は和食器を思わせる優しい色。
洋食器のティーセットにもしっくり馴染みます。
イギリスから日本を訪れた旧友にも
和を意識したティータイムのしつらえを。
庭の草木を眺めながらゆっくりと流れる時間には
紫陽花の色がテーブルに優しさを添えています。
ふと時が止まったような静寂を包むのは
紅茶の香りとティーフードの甘さ。
立ち昇る湯気が穏やかな昼下がりの午後。

Chapter 2
藍の国JAPANのおもてなし
Coordinate：和田よう子

スポードのイタリアンブルーは日本の染付けを思わせる佇まい。
凛とした美しさを感じるブルー＆ホワイトは黒の折敷ですっと全体を引き締めて。
さりげなく添えたQUEEN ANNEのアイテムがイギリスの友人を笑顔にします。
ストレートティー、ミルクティーと何にでも合わせられる万能なティーセットは
おもてなしにも出番が多く、多くの人の心に残るテーブルウェアです。

Tableware: ル・ノーブル
Place: ホテルグランヴェール岐山

Chapter 2

～**Spring**～
ラナンキュラスの咲く庭と
天使が奏でる春の音色

Coordinate：粂 英美

「ようこそ！」と
ステキな笑顔とキス＆ハグで迎えてくれたのは
仲良しのトルコ人マダム。
おめかししたみんながそろったら、
午後のお茶会が始まります。
ホームメイドのトルコの伝統的な焼き菓子や、
おもてなし上手な彼女が淹れる熱々のチャイ。
まるで昔からの友達だったかのように弾むおしゃべり。
優雅なトルコ人マダムたちの心のこもったおもてなしに、
私はいつも魅了され、見習いたいと思うのです。

大理石が美しいモダンなサロンに合わせて、ゴールド×ホ
ワイトを基調としたコーディネート。
トルコ製の華やかなゴールドプレート、蝶々の形のプレー
ト、グラス類やカトラリーと日本製のボタニカル柄プレー
トをミックスさせて、両国のよき親交を表しました。
トルコの国花であるチューリップと、バラの世界4大産地
でもあるトルコのターキッシュローズを合わせて、トルコ
への敬愛の気持ちを込めてテーブルフラワーに。
実は紅茶消費量世界トップクラスのトルコ。2段ポットで
淹れる「チャイ」（トルコの紅茶）を、チャイグラスに角
砂糖を入れて、甘めにいただくのがトルコ流。ティーフー
ドには、ピスタチオやくるみをふんだんに使った甘い「バ
クラヴァ」。チーズの香りとぷりぷりな生地の食感が絶妙
な「スボレイ」を始め、バラエティに富んだフードがテー
ブルいっぱいに並べられます。
近代的だけれどエキゾチックで温かみがある、魅力的な
トルコ。日本にいながら、いつも近くに感じられるように。

Place: 駐日トルコ共和国大使館
Thanks: 日本トルコ文化経済交流支援協会
Food: Beyzade Baklava（ベイザーデ バクラヴァ）

フレーバーティーとは？

フレーバーティーとは着香茶（ちゃっこうちゃ）とも呼ばれ、
紅茶や緑茶などの茶葉をベースにして、香りを加えた飲み物をさします。
日本ではflavor teaと呼ばれますが、
英語では一般的にflavored teaと表記されます。

その香りづけの方法はさまざまで、
香料や花びら、果皮などで香りづけをしたり、
ドライフルーツや花びらなどを茶葉に混ぜ、
茶葉といっしょに香りを抽出させるものもフレーバーティーと呼ばれます。
他にも、花や果物だけでなく、
キャラメルやチョコレートの香りづけしたものもあります。
よく私たちが耳にする「アールグレイ」は代表的なフレーバーティー。
ミカン科のベルガモットの精油で着香したものです。
また、ジャスミンティーもジャスミンの一種である
マツリカ（茉莉花）の香りを吸着させたフレーバーティーの1種です。

因みに、茶葉のネーミングにも個性があり、
その香りのイメージに合わせて首都の名前が付けられたり、
歴史的偉人や、結婚式をイメージさせる名前もあります。

Chapter 3

中国茶のシーン

Scene of
the "Chinese Tea"

Chapter 3

～24～
ヴァンキャトルへの羨望

Coordinate：和田よう子

少しずつ大人の階段をのぼる娘はもうすぐ24歳。
大人びたその横顔にほんのちょっとだけ相応しく思える娘の憧れのティーセット。

今日は娘のために特別な昼下がりを。ていねいに淹れたお茶を蓋碗でいただきます。
ティーのマナーも少しずつ身につける彼女が目指す女性を思い描いて。

エルメス発祥の地であるフォーブル・サントノーレ通り24番地へ捧げるコーディネート。
モザイクを思わせキラキラ輝くこのシリーズは、凹凸による陰影が特徴の高級感ある器です。
個性を持つ器を中心にコーディネートする際にはすっきりとまとめ、無駄を省いたしつらえで
魅力を際立たせて。
蓋付きの茶器「蓋碗」がテーブルにお目見えすると、それだけでとても華やかになり、また、
ワクワク感も高めます。
もう少しレディに近づきたくてちょっぴり背伸びを。この器にふさわしい女性像へ憧れを込めて。

Tableware: ル・ノーブル／(株)賞美堂本店
Place: オーベルジュ・ド・リル ナゴヤ

柳緑花紅

Coordinate：森 なお美

今を咲き誇る我家の藤。
台湾旅行で買ってきたとびきりの高山烏龍茶、
そして茶器をテラスに用意して
お茶好き仲間を招いて。
お茶の聖地と云われる梨山は標高2,400m。
一葉一葉ていねいに手摘みされている作り手に想いを馳せ
季節の移りゆく儚さ、
自然のままの美しさを愛おしみ、
目覚めゆく春の日差しと共に、
お茶の豊かな香りと甘みは
誰もが最高の喜びとなるでしょう。

台湾の知人の紹介で購入した茶葉と茶器。茶葉は無
農薬農家と契約しているこだわりのあるお店。茶盤
と茶漏は作家さんのもの。近年では大きな茶盤から
小さな茶盤になり、淹れ方も簡素化されているのが
主流のようです。

Place: ホテルグランヴェール岐山

Chapter 3
紳士たちのミッドナイトティー

Coordinate：大島智珠代

お酒をいただいた後、
紳士たちがトランプゲームを楽しむミッドナイト。
政治や仕事談義が尽きない中
ラプサンスーチョンの燻香が
紳士たちを優しく包みこみます。

紳士たちがティータイムをするならば、どこか気品漂い、
落ち着いた夜がふさわしい。経験豊かで博識な紳士が心
落ち着くような、ブルーとゴールドでまとめたテーブルに
しました。
ラプサンスーチョンの燻香漂う雰囲気に合わせて、ブル
ーとカッパーカラーで彩られたスタイリッシュなフラワー
が空間を引き立てます。

Tableware: ル・ノーブル
Place: オーベルジュ・ド・リル ナゴヤ

Chapter 3

香港High Teaとジャスミン茶
のシノワズリテイスト
― 紫陽花の初夏

Coordinate：長崎万紀子

シャンデリア煌めく空間で軽食を
堪能しながら、
夕暮れの移りゆく景色が
美しいぜいたくな空間で
優雅な時間と共に会話を楽しみます。
このハイティーを囲むのは
ビジネス、ライフ、ソウルメイト…
まさにパートナーといえるメンバーばかり。
甘美な香りを持つジャスミンの花は
「神様からの贈り物」「香りの王様」とも呼ばれ
花言葉は「温順」「柔和」「朗らかで
気品がある」「優美」など。
この場所を囲むひと時が
優しい気持ちで溢れますように。

ウエッジウッドならではの品のあるシノワズ
リ・テイストが目をひくジャスパー・コンラ
ン シノワズリ　ホワイトシリーズ。ブリティ
ッシュスタイルの第一人者として名高いファ
ッションデザイナー、ジャスパー・コンラン
とのコラボレーションデザインです。
ジャスパー・コンランならではの水彩画のよ
うな繊細なシノワズリ調（中国趣味の美術様
式）のデザインは美しい配色も絶妙で、その
インパクトがテーブルに華やぎを添えてくれ
ます。
お気に入りの茶葉「HONG KONG HIGH
TEA」とジャスミンティー、シャンパーニュ
をシノワズリテイストの器と紫陽花でコーデ
ィネートし、特別な空間にふさわしい、優雅
で華やかなテーブルにしつらえました。

Tableware: ル・ノーブル
Place: オーベルジュ・ド・リル ナゴヤ

カップ＆ソーサー（紅茶用）
紅茶用のカップは口径が広く、背が低いのが特徴です。
また、カップの底にかけてなだらかな形状をして、
内側の装飾も控えめなものが多いので、
紅茶の特徴の一つでもある
水色（すいしょく）を楽しみやすくなっています。

材質は陶器や磁器が多いのですが、
中にはステンレス、鉄、銅、ピューター、真鍮、アルミなどの
金属製や木製も存在します。

カップ＆ソーサー（コーヒー用）
コーヒーを1杯ずつ入れる時、抽出に比較的時間を要します。
そのため、コーヒーをいただく際に少しでも温かい状態が楽しめるよう、
保温性を高める目的で、厚手に作られています。
また、豊かな香りが飛んでしまわないように、
飲み口は狭く、背が高い円筒に近い形状で作られています。

兼用カップ＆ソーサー
紅茶とコーヒーカップの中間的な要素を持つものがカップ＆ソーサーです。
兼用というだけあって、紅茶にもコーヒーにもどちらにも使用できます。

Chapter 4

日本茶のシーン

Scene of
the "Japanese Tea"

Chapter 4
自宅で楽しむ紅葉茶会
Coordinate：村上まこ

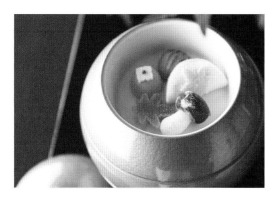

親しい友人を自宅に招いて
紅葉煎茶会を開催。
夕暮れになるころ、ろうそくの火を手前に。
泡煎茶で乾杯した後、
すすり茶碗で玉露をだして。
みんなで秋の夕暮れを楽しみます。

紅葉に因んだカラーでテーブルを彩り、秋のシーンにふさ
わしいコーディネートに。
挿し色のブラックが、華やかな空間をぐっと引締めます。
カラーのコントラストが強い分、使用するテーブルウェア
は繊細で気品を感じさせるものをセレクト。匠の技が、お
もてなしの空間を引き立てます。

Place: ホテルグランヴェール岐山

Chapter 4
秋──お茶飲みテーブルでおもてなし
Coordinate：土渕かおり

ようやく完成したお茶飲みテーブル
おもてなしの心をこのテーブルに託します。
お茶の時間は、日常の中で欠かすことのない素晴らしい時間。
「お茶を淹れる」
一定のリズムを刻むように
体に染みついた流れるような動き。
心を澄ませて茶せんを引きあげる。
そこに添えられるのは相手への想い。
さあ、お友だちをさっそく呼ばなくちゃ。
あの人、この人...友の顔が浮かびます。
令和元年、現代だもの。
茶道のスタイルもテーブルで。
お気に入りの和菓子を添えて。

こだわりと共にオーダーしたテーブル
は、卓上でお茶を淹れる作業をすべて
行うことができ、機能的であり美しい。
ゲストを迎えるお茶のシーンを、無駄
のない動きを実現しながら凛とした趣
を保たせて。
抹茶碗は色柄も華やかに、季節感を演
出。手に馴染む抹茶椀を口元へ運べば、
心が穏やかに満たされる瞬間を感じる
ことができます。

Tableware: (株)陶葊
Place: 京都生活おけいこサロン
JTS指定認定校京都中京区校

Chapter 4

新茶の季節

Coordinate：伊藤伊津子

八十八夜を待つ茶畑。樹木の間をそよ風が吹くと
幼いころに兄の後を追いかけ、夕暮れまで遊んだ思い出が甦ります。
今日は兄夫婦が新茶を持って訪ねて来てくれました。
庭では、バラの花が満開です。そのバラを摘んでテーブルに飾りましょう。
お茶会の始まり、新茶の香りがみんなを包み込み、
笑顔の向こうには遠き日の思い出。懐かしいバラの器は母から譲り受けた物。
さあ「幸せの一杯」をいただきましょう。

ローズピンクをテーマカラーにテーブルクロスをセットし、グリーンの折敷をセレクトすることで五月の風を演出。テーブル中央に鳥獣戯画を置き、折敷の中にも鳥獣戯画を使うことで、より和モダンのテーブルを引き立てます。湯のみは、庭のバラを連想させる柄を選びました。グリーンの皿やスクエアの器には季節の和菓子をチョイス。小さなガラスの器に新茶を入れて繊細な香りを楽しむのも日本茶の魅力です。
爽やかな風が心地よく、コーディネートも整えば、より一層お茶が美味しい季節の到来です。

Place: ホテルグランヴェール岐山

Chapter 4
蘭で祝うオープニング

Coordinate：村上まこ

おめでとう！
長年の夢だったサロンをオープンする友人へ。
ただまっすぐに追いかけた夢—
期待と意欲に心を満たし、
輝きを増す彼女の船出を
仲間と共に祝福しましょう。

蘭の花で船出をイメージ。おめでたい席なので蘭湯で祝
います。白を基調にしたコーディネートとアクセントのバ
ンダが高貴な空間を演出。
塩漬けされた蘭の花が急須の中でゆらゆら浮かぶのを楽
しみながら蘭湯をいただきます。
お野菜の砂糖漬けといっしょにボトリングティーの味比べ。

生産地名と紅茶名のつながり

日本茶で「宇治茶」「静岡茶」「狭山茶」と
お茶に地名がつけられているように
実は紅茶にも地名で名付けられた茶葉がたくさんあります。

ダージリン（インド・ダージリン地方）
キーマン（中国・安徽省祁門県）
アッサム（インド・アッサム地方）はまさにその代表です。

因みに、地名だけでなく
その栽培された茶園が表記されている茶葉もあります。
（特にダージリンに多くみられるのがキャッスルトン茶園、
タルボ茶園、マーガレットホープ茶園など）

そんな、こだわりの産地や茶園を
見つけてみるのも楽しいですね。

多様なティータイム

Lots of arrange tea

Chapter 5
桃の節句
〜Peach Festival〜
Coordinate : 和田よう子

女性のための節句―
桃の節句
華やかにテーブルをしつらえたら、
女の子だもの！
今日は楽しまなくちゃ。
淡い色合いで優しいイメージを大切に。
愛らしいお菓子や甘酒を添えたら
ほら、お祝いのテーブルのできあがり。
幸せに乾杯！

日本では馴染みの深い行事のひとつの桃の節句。
桃は、愛らしい果物ですが、中国で古くから仙木・仙果
とされ、邪気を祓い、不老長寿を与える果物とされていま
した。そのため、大変縁起がよく、お祝いの席にもふさわ
しい果物でもあります。
白の丸いテーブルマットに合わせた桃の絵柄で愛らしく。
艶やかな菊花の有田焼に桃を飾ってお祝いムードを高め
たコーディネートです。

Tableware: (株)賞美堂本店
Place: ホテルグランヴェール岐山

夏の星空に想いを馳せて

Coordinate：井山啓子

今日は友人たちと毎年恒例
七夕祭りの打ち合わせ。
7月7日は晴れるかな？
晴れるといいね。
華やぐ街の風景を待ちわびながら、
初夏の日差しに乾杯！
オレンジティーに香るコアントローが
ほのかに頬を染め、
私たちの夏が始まります。

ブルーとシルバーを基調とし、涼しげな雰囲気を演出。白いランチョンマットは初夏の爽やかな風を連想させます。夏の日差しを彷彿とさせるオレンジティーにはコアントローを潜ませ、お酒も楽しみたいよくばり女子のテーブルをしつらえて。
ティーフードには地元の名産品も並べて。日本家屋の佇まいと、和食器。落ち着いた大人の雰囲気を演出しました。

Tableware: (株)利左エ門
Place: KEIKO・Happysmileサロン JTS指定認定校小田原校

Chapter 5

アフタヌーンPapa'sミーティング

Coordinate : 和田よう子

ママと子どもたちが集う祝日の昼下がり、
家族ぐるみで仲良しのパパたちが
家族を喜ばせるための
夏休みイベントを企画中！
今年の夏はBBQ？
それとも天体観測？
子どもたちとピザでも焼こうか？
ところがでてくるのは若かりしころの思い出話。
さらに始まる我が子トーク。
やりたいこともありすぎて、
なかなか話がまとまりません。

ほら、ママたちが帰ってきた。
この話の続きは今度の夜、お酒と共に！
お楽しみの計画はいつ決まるのかしら？

男性だって、ティータイムを楽しみたい！
日ごろお疲れのパパたちを癒すのは、こだわって淹れた
アイスコーヒーと上質なチョコレート菓子。本当はお酒も
飲みたいけれど、今日はおあずけです。
上質なアイテムを好む男性たちにふさわしいよう、ひとつ
一つ個性を持つアイテムを組み合わせ、爽やかながらも
落ち着いたトーンでまとめました。

Tableware: 金正陶器（株）
Place: ホテルグランヴェール岐山

Chapter 5
THE ANGELS LOVE
～天使が愛を語る時～

Coordinate : 和田よう子

ANGELたちは愛の伝道師。
人々が語らうテーブルに愛の言葉を囁きます。
ローズペタルの揺らめきや
ルビー色に輝くベリーアイスティーを伝う雫は
天使たちの吐息の証。
ANGELが微笑むとまるで魔法がかかったように
食卓はキラキラ輝き愛のハーモニーを奏でます。
ANGELたちの楽園へようこそ。

白いテーブルクロスにローズ色のアクセントを加え、天使
とバラの織りなすロマンティックな雰囲気を最大限に表現
したコーディネートです。
ベリーアイスティーやマカロンなど、ローズ色に統一され
た空間は女性のハートをくすぐります。
バラは、テーブルウェアたちに色を添え、より華やかに輝
きを与える存在。天使たちの愛らしさに思わず笑みが溢
れます。

Tableware: (株)イサジ Primitive陶舎花＊花
Place: ホテルグランヴェール岐山
Item: Arisa

Chapter 5
ジュラシックパークでお茶会
Coordinate：櫻井葉子

太陽が輝きを増す季節
陽の光がサンサンと降り注ぎ、
地球のエネルギーを肌で感じる瞬間。
テーブルの上でも自然のパワーを
感じられるよう、
色とりどりにしつらえれば、
ほら、太陽にも負けないくらいに
弾ける笑顔の私たち！
爽やかなミントティーと楽しい会話で
気分爽快！リフレッシュ！

太陽の光をたっぷりと浴びた南半球の花々、ネイティブフラワー（ワイルドフラワー）をふんだんに使用し、彩度が高いターコイズブルーを合わせてジャングルを思わせるワイルド感と、地球の力強さを表現。
ホワイト、グリーンといった爽やかなカラーの中に、アクセントとなるレモンイエローを加え、爽やかな印象を際立たせました。
清楚な有田焼がポップな装いに早変わり！器の魅力を無限に感じさせるコーディネートです。

Tableware: （株）賞美堂本店
Place: オーベルジュ・ド・リル ナゴヤ

令和女子のティーパーティ
〜ブルーの会〜

Coordinate：清水亜希

ブルーとハイドランジアをこよなく愛する
女子たちがブルーのドレスコードで集う令和初のティーパーティ。
乾杯はブルーキュラソーに立ち上る泡を忍ばせて。
白い紫陽花の花言葉は「寛容」、青は「辛抱強い愛情」…
まさに、広くて優しい心を持った大人女子の集いにピッタリ。

目が覚めるようなブルー空間で話に花が咲いて… 「令」は"清らか"、「和」は"まるく"に合わせた
「令和スタイル」のおもてなしのひと時。
オレンジ風味のシロップ、ブルーキュラソーを炭酸で割れば、初夏にふさわしい爽やかな乾杯ドリンクに。
白い花器と、白から水色の球体へと流れる、枝付きハイドランジアは、まるで源泉から青い池に、流れ込むようなイメージです。
アイテムの色も統一して、フラワーとテーブルコーディネートとの一体感を演出します。真っ白な9分割トレーに同色のアミューズカップや透明感あるグラスを添えて、女子会にピッタリな華やかさを表現しました。

Tableware: (株)イサジ Primitive陶舎花＊花
Place: ホテルグランヴェール岐山

Chapter 5
SAKURA。桜。
Coordinate：土渕かおり

桜は世界中の人々から愛される花。
海外からの友も「SAKURA」を楽しみに
やってきます。
桜の絵柄は人の心を優しく包み、
幸せな季節を予感させて。
春の風になびいては散りゆく桜。
その儚げな美しさが満開の華やかさを
より一層に引き立てているかのよう。
器が描く「満開の春の景色」と
日本が誇る「おもてなし」の心と共に
友を迎えましょう。

桜柄の器は和食器の中でも数が多く、また大変人気のあ
る柄です。日本の国花である桜のコレクションは春のみな
らず、季節を通して、よく食卓に登場するものです。
大皿、銘々皿、小皿、カップ、湯飲み、ポット…
沢山の桜の器を使用した、桜＆桜の組み合わせは、桜を
愛する日本人の心の表れそのもの。
器の組み合わせから、それぞれの季節の楽しみ方や、季
節の訪れへの喜びを表現してみてください。どなたの心
をも春爛漫に温かくしてくれることでしょう。

Tableware: （株）陶葊
Place: 京都生活おけいこサロン JTS指定認定校京都中京区校

Chapter 5

令和
―新元号と共に迎える初新年―

Coordinate：和田よう子

―令和―
共に時代を生き、
共に時代を分かち合ってきた仲間たちといっしょに
この時代の到来を祝います。
先人より引き継がれてきた
文化・伝統に敬意を示しながら
新時代の始まりを告げる歴史の幕開けを共に。

「令和」を 隷書体でプレイスマットにしたため、また、新
年号「令和」の出典、歌集【万葉集】からの春と夏の詩を
札に添え、テーマである「令和」を取り入れました。
工芸品である塗のお重に、天皇の御紋にも使用されてい
る高貴な花・菊をあしらい、日本古来の伝統美を表現。
全体的にカラーのトーンを落としてしつらえ、高貴な色と
される紫を加えることで、上品にまとめました。

Tableware: STUDIO 010
Place: ホテルグランヴェール岐山
Item: 清水静邑

Chapter 5
梅花の宴
Coordinate : 和田よう子

梅の花がきれいに花を咲かせるころ、
親友とゆっくり和菓子をいただく時間を楽しんで。
春の香りを漂わす梅—
2段のお重と最中。
共にさりげなく梅型で愛らしく。
儚い、春のひと時に心躍らせる時、
友の笑い声と笑顔が愛しい。

梅の赤は、人の心をドキッとさせる印象の深さを持つ
色。コーディネートはその梅の印象を活かしてしつら
えました。
梅型の木のお重、梅型のお菓子。愛らしい梅の形は、
食卓の程よいアクセントに。
木の温もりを伝える末広のプレートがおもてなしの気
分を高めてくれます。肌に馴染む懐かしさや温かさは
木製品が持つ大きな魅力の一つ。滑らかな木肌に触れ
るたび、心がほっと休まります。

Tableware: ヤマコー(株)
Place: ヤマコー(株) 岐阜本部ショールーム

Chapter 5
ウッディモダンに古希を祝って
Coordinate：和田よう子

紫は、お祝いの色。
背筋がピンっと伸びる高貴なイメージ。
今日の主役は古希を迎えたダンディな方。
木製の温もりにステンレスを合わせ、
かっこよくモダンに決めて。
紫によく映える木とステンレス。
ダンディイズムに惚れ惚れしてしまう至福の時。

温もりを感じる木の器たちはみんなが好感を抱くアイテム。
穏やかな色合いにシャープさをプラスするべく冷たさを演
出するステンレスを加えて。
モダンに、そして粋に、秋のティータイムを楽しんでみる
のはいかがでしょう？
木製品に合わせた紫色が、シックでいながら現代的で独
特な個性を作りだすようなコーディネートにしつらえまし
た。

Tableware: ヤマコー(株)
Place: ヤマコー(株) 岐阜本部ショールーム

蓋椀（がいわん）でのお茶のいただき方

蓋つきの茶器を「蓋椀（がいわん）」といいます。

この蓋椀の大きな特徴は
蓋がついていることから、器の中に茶葉と湯を入れ
器の中で抽出することができることです。

お茶をいただく際には、蓋の部分を少しずらし
その添付蓋で茶葉をおさえるようにしてお茶をいただきます。

茶葉の種類によっては、再度湯を注ぎ
数杯楽しむこともできます。

Chapter 6

伝統の融合

Fusion of tradition

Chapter 6

後(のち)の月(つき)13夜の宴〜
古伊万里の器で
彩りを添えて

Coordinate : 和田よう子・村上まこ・森なお美

気品と知性溢れる彼女たちへ
敬意を込めておもてなし。
伝統的な古典柄の器でしつらえた食卓で
今宵は月とお酒を愛で
女性同士の絆を深めたい。
月の光に照らされて
より一層の深みと艶を増す古伊万里を
イメージしながら
テーブルを整えて。

十三夜の月に想いを馳せながらまん丸でしつらえました。一目見ただけで手工の繊細さを感じさせる器は、おもてなしの格をぐっと引きあげます。手まりの菊をころころ転がして、格式の高さの中にも愛らしさを。伝統的な古伊万里の器で彩りを添えています。古くは貴族の間で月を見ながら詩歌や管弦を楽しみつつ、お酒を嗜むという日本の風習を再現しました。

Tableware: (株)賞美堂本店
Place: ホテルグランヴェール岐山
Item: (株)ADVAITA／ル・ノーブル

JAPAN × FRANCE
文化を超えて融合する伝統工芸

Tableware: 金正陶器(株) STUDIO 010
Place: Automne
Item: (株)ADVAITA
Photo: Yasu

17世紀、王族・貴族が東洋の白磁に憧れ、その想いからブランド洋食器の代名詞ともいえるマイセンが誕生したように、東洋の器には人の心をとらえて離さない魅力があります。

時を越え、さまざまな食の多様性を受け入れてきた日本の食卓を支えてきた現代の器もまた同じです。

また、和紙は2014年に「和紙・日本の手漉き(てすき)和紙技術」としてユネスコ無形文化遺産に登録され、その中でも美濃和紙は2020東京オリンピックの表彰状の素材としても選ばれた、まさに日本が誇る伝統品です。伝統にのっとった重厚感を持ちながらも楚々とした佇まいはどんなシチュエーションも包み込む優しさがあります。

ここでは、日本が誇る陶磁器の中でも、トップシェアを誇る、中部地区の美濃焼と2019年にミシュランで星を獲得したパリのレストラン「Automne」の秋重信行シェフとの現地でのコラボレーションをご紹介します。

日本人に馴染み深い美濃焼は、その生地が持つ柔らかさと慎ましやかな艶めきでフランスの食材をより繊細に引き立てています。

近年ではフランスでも美濃焼をはじめ、Made in Japanの食器を使用するレストランが増加しているのをご存知ですか? ラウンド、スクエア、浅め、深め、リムの大小、釉薬の色合い、絵つけの有無、磁器、陶器による強度の違いや温もり感…

こうしてみると、美濃焼にはありとあらゆる料理を受け止め、さらにその魅力を引き立てる大きな可能性を感じますね。この魅力が詰まった美濃焼やMade in Japanを毎日の食卓で何気なく使用している私たち日本人のライフスタイルとは、なんとぜいたくなことでしょう。国内外を越え、伝統と伝統が重なり合う瞬間には新しいイマジネーションが生まれ、見る者、触れる者に新たな感動を届けます。

JAPAN✕FRANCE
文化を超えて融合する伝統工芸

Place: Lapérouse
Item: (株)そめおり山楽
Photo: Yasu
Flower: Sachiko Sakakibara

日本が誇る伝統、それは着物。
どこの国に降り立っても、着物の華やかさは現地の方に歓迎され、また、訪れる場所や相手への敬意も表します。
だからこそ、特別なテーブルシーンを囲む際には着物を身に纏いたいもの。
ルイ14世が指輪と共にプロポーズをしたというパリ最古のレストランLapérouse。建物自体が文化遺産として登録され、かつてはヴィクトル・ユーゴー、マルセル・プルーストも訪れていたという伝統と格式あるロケーションにも決して引けを取らない装いができるのも着物の特権。
大切な方とのティーシーン、食卓のシーンでは、そのおもてなしとロケーションに敬意を払って、時には着物でテーブルを囲んでみませんか?

フランスの佇まいを感じて

レストランLapérouse×シャンペトルブーケ×着物

シャンペトルとは、「田園風」を意味します。花首から下の葉を整え、規律正しく束ねられたブーケとは異なり、そこに自然に花や葉が自生しているかのようにナチュラルに仕上げます。豊かな自然の中で育った植物の、生き生きした姿そのままに束ねたブーケには柔らかな陰影があり、手に持つその動きに合わせて優しく揺らめく花々からは、悠然さを感じさせます。

近年ではアーティフィシャルフラワーの精密さも向上し、生活に取り入れやすくなってきました。

特別なおもてなしの時には、ぜひ、心を込めて装い、最高の時間を過ごしましょう。

講 師 紹 介

 JTSテーブルコーディネートディプロマ取得可能校

 JTSアーティフィシャルフラワーディプロマ取得可能校

総合監修

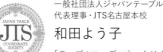

一般社団法人ジャパンテーブルコーディネート協会
代表理事・JTS名古屋本校
和田よう子

「テーブルコーディネートは人生を豊かにする魔法」。テーブルコーディネート発信の拠点として、最短3日間でディプロマ取得が可能な【超】集中講座をはじめとする短期間でのディプロマ取得講座及び、全国へテーブルコーディネートの講師を輩出すべく講師育成クラスを開催しています。褒め合うあいさつでスタートする名古屋スクールのレッスンは少人数にて開催（最大4名）。生徒から講師へ。「女性のライフスタイルをより充実させるためにテーブルコーディネートを広めたい」「仕事に活かしたい」という方へ、テーブルコーディネートの魅力・幸せ・笑顔を伝えるお手伝いをさせていただきます。
愛知県名古屋市東区
http://ameblo.jp/yokorose311 yokorose311@yahoo.co.jp Instagram: wada_yoko

監修
煎茶コーディネーター＆
アーティフィシャルフラワー

テーブル＆フラワーサロンM²-STYLE JTS指定認定校 豊田校
村上まこ

アーティフィシャルフラワー、プリザーブドフラワー、スパイスの花、クロスターアルバイテン等、テーブルコーディネートの表現力をより高められる多種多様なディプロマ取得レッスンが可能です。また、「煎茶のよそほひ教室・Mako」として身近な煎茶のレッスンも開催。煎茶といってもその種類はさまざまで、玉露、ほうじ茶等はもちろん、教室では発泡茶、蘭湯、ウーロン茶や台湾茶など中国茶も含めた多様なお茶を学ぶことが可能です。作法に基づきながら、テーブルコーディネートと組み合わせた、新しくも伝統を重んじたレッスンだからこそ、上級の人は勿論のこと、これから学んでみたいというお茶初心者の方でも気軽に学べます。煎茶道、華道教授としての豊富な経験を活かしたレッスンは、学びを深め、楽しい時間を過ごすことができます。
愛知県豊田市
https://table-m2.com yoshimayu0525@docomo.ne.jp

監修
ティータイムコーディネーター

Enme Giglio JTS恵比寿認定教室
森 なお美
2019年10月からスタートしたEnme Giglio JTS恵比寿認定教室。ラグジュアリーを目指した恵比寿の隠れ家サロンでは、テーブルコーディネートと共に楽しめる北欧おもてなし料理《Cakewichレッスン》と、心身の内側から美しさを求める女性たちに好評の薬膳茶とスイーツを楽しめます。4名までの少人数制。グループでの申込みも可能です。ぜひ、癒しのひと時を過ごしてみませんか。
東京都渋谷区恵比寿
http://enmegiglio.com lux_stanza-11.33@i.softbank.jp Instagram: enme_giglio

TABLE OMEKASHI JTS指定認定校 多治見校

吉田未来

自宅サロンでは、すぐに役立つテーブルコーディネートやおもてなしのポイントをご紹介。オープンキッチンを囲んでランチをいただくレッスンも好評。おもてなし料理&家庭料理レッスン、アーティフィシャルフラワーアレンジメントレッスン、リボンレッスン等も開催。栄養士、企業様フード撮影、講師、レシピ提供等の経験を活かし、何気ない毎日を彩る「おめかし」した食卓をトータルで演出します。
岐阜県多治見市　https://table-omekashi.amebaownd.com　miki@ob.aitai.ne.jp　Instagram: table_omekashi_miki

Fusami style・Mon chou chou JTS指定認定校 土岐校

粂 英美

「Mon chou chou」はフランス語で「私のお気に入り」。デコール・ド・シルクフラワー、アーティフィシャルフラワー&テーブルコーディネートサロンです。好きが高じて学んだ世界から、自分が恩師の下で学んで女性目線で嬉しかったこと、感動したことを含め、たくさんのエッセンスを提案します。（外部レッスンを中心に活動）
岐阜県土岐市　https://fusami1230.amebaownd.com　fusamistyle.monchouchou@gmail.com　Instagram: fusami1230

Rosemary JTS指定認定校 桑名校

伊藤伊津子

静かな住宅街の中にある小さなサロン。四季折々のいけばなと、庭ではローズマリーを中心としたハーブや草花がお出迎え。「テーブルから笑顔」をコンセプトに、JTSディプロマレッスンを始め、季節のおもてなし料理とテーブルコーディネート、北欧生まれのおもてなしサンドイッチ「ケーキイッチ」などのレッスンを開催。Rosemaryの花言葉は「思い出」。楽しい思い出をたくさん作れるサロンを目指しています。
三重県桑名市　https://rosemary-table.amebaownd.com　rosemary2019111@gmail.com　Instagram: rosemary201911

おけいこサロンetre JTS指定認定校 刈谷校

新開幸代

ポーセラーツ・ガラスフュージング・キャンドル・テーブルコーディネートなど大人のおけいこサロンを主宰。趣味での制作から資格取得・教室運営を目指す人まで、一人一人のニーズに合わせたレッスンを開催。日々の暮らしを素敵に美しく彩る… 上品で大人可愛い作品作りや自身の作品を使ってテーブルコーディネートしてみたい人におすすめ。食器、ガラス製品、キャンドル制作等のオーダーも受付中です。
愛知県刈谷市　https://www.etre.jp/　etre.mail.ss@gmail.com　Instagram: etre.salon

Petit Salon de Şeyma JTS指定認定校 南山校

シェイマ

アットホームな少人数制サロンで、リラックスして楽しめるレッスンを開催。テーブルコーディネートを始め、日本では珍しいトルコ家庭料理教室、1回完結型の季節のおもてなしレッスンや出張レッスンも好評開催中。国内では希少な完全ハラール対応サロンです。料理に自信がない方や子育て中・ワーママさんなど、忙しい方にもかんたんでおしゃれな食卓を作るコツをお伝えしています。
愛知県名古屋市　https://ameblo.jp/seyma-table　table.merve@gmail.com　Instagram: table_seyma

京都生活おけいこサロン JTS指定認定校 京都中京区校

土渕かおり

伝統と文化が息づく京都の地にて、おけいこが楽しめるサロンとして注目。京焼・清水焼を始めとした素晴らしい工芸品をふんだんに使用しながら"体感"するレッスンが人気です。京都生活から学ぶ、古都・京都が受け継ぐ「ほんまもん」の話を通し、優美な日常をより身近に感じられる魅力的な空間です。
京都府中京区　http://www.touan.co.jp/okeiko/　Instagram: touan1118

Hospitalité Cuisine JTS指定認定校 半田校

長崎万紀子

調理師として調理現場で培ったノウハウと、管理栄養士として病院や特定保健指導（メタボ指導）で栄養指導の経験を持ち、調理師専門学校の栄養学講師、カフェ専門学校でフードコーディネート講師として食に関する文化やテーブルコーディネートの授業を担当。また、テーブルコーディネーターとしてシェフやソムリエとのコラボイベント等、さまざまな経験を通して得た知識を集約させた料理教室を開催しています。
愛知県半田市　https://ameblo.jp/omotenasi-makiko　aki-maki1010@athena.ocn.ne.jp　Instagram: makiko_nagasaki_kato

静邑おけいこ・サロン JTS指定認定校 岐阜校

清水亜希

書（雅号：清水静邑）と華とテーブルコーディネートが学べる、おけいこ・サロン（開講準備中）。「和」や「洋」のさまざまな生活の中に、取り入れることのできるような作品作り、心豊かになるレッスンに注目。書道講師として、美文字レッスン講座も展開。華とテーブルコーディネートに書を加える素晴らしさを味わってみませんか？
岐阜県岐阜市　https://ameblo.jp/seiyuu1219　seiyuu.aki.1219@ezweb.ne.jp

KEIKO・Happysmileサロン JTS指定認定校 小田原校

井山啓子

客室乗務員で培った経験を活かし、わくわく・キラキラ・ハッピーをたくさん感じ、家族や友人、仲間にも「おもてなしの心」を届けたくなる教室を目指しています。初心者でも大歓迎!築約65年の旅館風の古民家、そして自然あふれるのんびりとした場所で、わくわく・キラキラする時間を一緒に過ごし、テーブルコーディネートの魅力を伝えたいと思います。
神奈川県小田原市　keiko.happysmile0905@gmail.com

Casa de Olivo 〜Oliveの家でおもてなし〜 JTS指定認定校 枚方校

宮地美子

貴女のおもてなしの心をテーブルで表現してみませんか？　気取らないゆったりとした癒しの空間でレッスンを開催しています。
大阪府枚方市　http://casa-de-olive.com　Instagram: yoshipichian

JTS認定講師

大島智珠代

だしソムリエstyleにて活動を展開。だしの魅力を伝えながら、それを引き立たせるテーブルコーディネートを提案します。現在、サロン開校準備中。
chizuyo.oshima0818@gmail.com　Instagram: chizuyo.oshima

JTS認定講師

櫻井葉子

テーブルコーディネートと色の繋がりを始め、色彩の楽しさ、奥深さなど、魅力あふれる世界をよりたくさんの人に伝えることを目標に講師活動をしています。

Splendeur JTS指定認定校 鈴鹿校

中村悦代

テーブルコーディネートレッスン以外にも、手作りパンと紅茶のレッスンも受講可能。生徒自身で作ったパン、紅茶、テーブルコーディネートが楽しめるよう、テーブルに関するさまざまな技術と知識が得られます。またスマホカメラでの撮影にも力を入れ、制作したパンやテーブルコーディネートなとをより素敵に記録できるようになるテクニックも学べます。
三重県鈴鹿市　https://www.tablecoordinate.jp/jtsschool/splendeur　Instagram: splendeur47

JTS指定認定校（ディプロマ取得可能校）

担当講師名	スクール名	所在地	HP・ブログ・連絡先・Instagram
中村かな	food&lifestyle salon Dolcenneドルチェンヌ JTS指定認定校 春日井校	愛知県春日井市	http://ameblo.jp/kanyakana/　Instagram: dolcenne_kana
富永マリナ	Marina table style　JTS指定認定校知立校	愛知県知立市	https://pxjshimons.wixsite.com/marina-table-style　Instagram: marina.table_style
山田紗綾	Saaya style salon　JTS指定認定校東山校	愛知県名古屋市	https://ameblo.jp/saayachan620　Instagram: saaya_style_salon
森 小百合	Flora 華蓮 JTS指定認定校 愛西校	愛知県愛西市	https://ameblo.jp/karen4419/　Instagram: sayuri419_
久保孝江	Rose Lauren JTS指定認定校 浜松校	静岡県浜松市	http://rose-lauren.wixsite.com/table1　Instagram: kubotakae
南平せつ子	季節とお菓子のサロン La dolce vita JTS指定認定校浜松浜北校	静岡県浜松市	http://ameblo.jp/2016ladolbevita/　Instagram: setsukonampei
佐藤絵津子	Salon-E- JTS指定認定校仙台校	宮城県仙台市	http://ameblo.jp/tablesendai-jts/　Instagram: salonesendaioomiya
渡辺貴美子	Treasury Palace〜寛ぎティールーム 指定認定校 青森校	青森県青森市	kimi2277.k@gmail.com
佐藤絵津子	Salon-E- JTS指定認定校大宮校	埼玉県さいたま市	http://ameblo.jp/tablesendai-jts/　Instagram: salonesendaioomiya
髙木奈々瀬	Muguet de Nanase JTS指定認定校 東京・東久留米校	東京都東久留米市	http://ameblo.jp/muguet-de-nanase　Instagram: muguet_de_nanase.t
高田あや	BLUE ROSE JTS指定認定校 東京・豊洲指定認定校	東京都江東区	https://ameblo.jp/1165240　Instagram: bluerose_aya
原山祐瑞佳	Tablecoordinate Salon Casablanca JTS指定認定校京都校	京都府左京区	https://www.tablecoordinate-kyoto.com/　Instagram: yuzuka831
成田久美子	エルミール アミ JTS指定認定校 東淀川校	大阪府東淀川市	https://www.tablecoordinate.jp/jtsschool/elmil　Instagram: okirakumei
篠原友美	T-Room JTS指定認定校福岡校	福岡県宗像市	https://ameblo.jp/t0m019841126/　Instagram: troom_tomo
阿久津佳代	table salon Happiness　JTS指定認定校福岡南校	福岡県福岡市	http://ameblo.jp/kayo-tablecoordinate/　Instagram: table_salon_happiness
蒲地亜紗	亜紗・テーブルコーディネートサロン JTS指定認定校佐賀・有田校	佐賀県有田市	http://ashiya-cocolobako.com　Instagram: aika_ashiyacocolobako
三浦千鶴	芦屋ココロバコ JTS指定認定校芦屋校	兵庫県芦屋市	

JTS認定教室

担当講師名	スクール名	所在地	HP・ブログ・連絡先・Instagram
中北意子	大和撫子・ライフスタイルサロン JTS伊勢認定教室	三重県伊勢市	https://www.tablecoordinate.jp/jtsschool/yamatonadeshiko

一般社団法人ジャパンテーブルコーディネート協会
ディプロマカリキュラムの案内

■JTSテーブルコーディネートディプロマコース

基本のセッティングから、テーブルのコンセプトメイキング実技では、サロンにある食器を使用し、実際に自身でコーディネートを作成。テーブルコーディネートを家庭で役立てたい人からプロの人まで、幅広い世代・職種の人に向けたレッスン。
（全18カリキュラム）

○9日間資格取得コースから最短3日資格取得コースまで有。
※開催コースは各スクールにお問合せください。いずれのコースも各種教材費・ディプロマ発行費用、軽食及びランチ代金等全てを含む。

■講師ディプロマコース

「教える」ことや「サロンのブランディング」に着目した「講師になりたい方向け」のレッスン。
所定カリキュラムを修了し、協会へ登録すると、「JTS指定認定校（ディプロマ発行可能校）」もしくは「JTS認定教室」として活動することができます。（全16カリキュラム）

※受講には「JTSテーブルコーディネートディプロマ」もしくは「JTSアーティフィシャルフラワー」ディプロマが必要です。

■JTSアーティフィシャルフラワーディプロマコース

アレンジ初心者の人から、もっとアレンジメントスキルを身につけたい人まで幅広く対応。さまざまな技法を取り入れたレッスンのため、確かなスキルが身につきます。
（全15作品）

※レッスン代金には各種教材費・ディプロマ発行費用、軽食及びランチ代金等すべてを含む。

■ビジネスマスターコース

JTS講師へ向け、「テーブルコーディネート」を自宅サロンにとどまらせず、企業等、より大きな仕事にするためのステップアップ講座です。営業方法や依頼があった時の対応、テーブルコーディネートを商材とした仕事のノウハウが学べます。
外部の仕事の繋がりを意識し、テーブルコーディネーターとしてのさらなる高みを目指す人へ向けたカリキュラムです。（全6カリキュラム）

教室によって開催可能なコースが異なります。お気軽にお問合せ下さい。

協 賛 企 業 一 覧

金正陶器株式会社

〒509-5171 岐阜県土岐市泉北山町2-2　tel:0572-55-3156

美濃焼きの伝統的な作家作品の紹介と共に業務用食器（和・洋・中）を幅広く開発し、外食産業へ供給。外食産業・チェーン等に対してオリジナル商品の企画開発、商品の在庫管理、梱包、発送業務も代行。社内に姿月窯ショールームを完備。また、約30,000点に及ぶ業務用食器のサンプルルームをいつでも内覧可能。カタログ希望の方、サンプルルームを見学希望の方は電話にて要連絡。また、WEBにて販売ページも解説。要チェック。

http://kaneshotoki.co.jp

株式会社丸東

〒507-1171 岐阜県多治見市旭ヶ丘10丁目6-72　tel:0572-27-8851

studio010は岐阜県多治見市でプロ仕様の食器（ホテル・レストラ・カフェ）などのテーブルウェアを手掛ける株式会社丸東が運営するブランド。シンプル＆モダンな食器は、贈り物から、家庭用まで幅広く使用。商品及び取扱店（新規販売店を随時募集中）に関する問い合わせは、株式会社丸東まで直接、電話、メールにて。

http://www.studio010.net/

株式会社イサジ［Primitive陶舎花＊花］

〒509-6125 岐阜県瑞浪市上野町3-40　tel:0572-56-5005

主に和食器を取り扱う業務用食器加工メーカーとして、自社内にて店名の名入れなど、顧客のオリジナル商品を提供。商社機能も持ち合わせ、プロユースから一般に向けても商品を展開。ネットショップ「Primitive陶舎花＊花」では「和田よう子セレクション」も展開。産地製造のノウハウを活かし、過去10万点を超える取扱い実績をもとに顧客の要望のコーディネート役として、ニーズに応える多様な商品を案内。

［株式会社イサジ］http://www.isaji.info/
［Primitive陶舎花＊花］http://www.rakuten.ne.jp/gold/hana2primitive/　Instagram:primitive_hana2

ノーブルトレーダース株式会社

〒617-0823 京都府長岡京市長岡2-1-15　tel:075-205-5170

「食器をもっと身近に」器選びは、美味しいものを、より美味しく食べるための器だけでなく、コーディネートを楽しむことで心を豊かにするもの。ブランド洋食器専門店「ル・ノーブル」は、世界の一流ブランド洋食器を始め、バイヤーが世界中から見つけ出してきたこだわりのアイテムなど、テーブルウェアからテーブルコーディネートにも嬉しい小物やインテリア、ギフトアイテムまで常時30万点以上の品揃えを誇り、直輸入直売だからこそ実現できる現地並価格で提供。

［ノーブルトレーダース］https://nobletraders.jp/　［ル・ノーブル］http://www.le-noble.com/　Instagram: le_noble

株式会社陶葊

〒605-0976 京都府京都市東山区泉涌寺東林町38　tel:075-541-1987

京焼・清水焼窯元・陶あんは大正11年、京都の東山泉涌寺（ひがしやませんにゅうじ）で創業して以来、上質の原材料を使い、熟練した職人の手で作品を作り続けて今日に。その作品は、品質と創造性によって高い評価が。野々村仁清（にんせい）、尾形乾山（けんざん）からの京焼・清水焼の伝統を受け継ぎつつ、常に技術革新に取り組み、他の京焼・清水焼と一線を画する作品を作り続け、現在、四代目である土渕善亜貴（どぶちよしあき）が当主。華やかで独創的な作品を生み出し、現代の生活に潤いを与える器を創りだし、特に草花をモチーフにした作品を多数制作。

http://www.touan.co.jp/　Instagram: touan1980117

源窯 有月陶器

源窯 有月陶器

〒509-5301 岐阜県土岐市妻木町字西木戸339-6 tel:0572-58-0245

1984年5月1日 源窯 有月陶器設立、岐阜県多治見市坂上町にて営業所開設。ブライダルギフト、業務用食器製造直接販売、高齢者福祉食器製造販売を開始。平成12年2月本社新設により、岐阜県土岐市妻木町に本社移転。移転後はオリジナル商品開発をくまなく行い、食器所のメリットを最大限に生かし、ビジネスフォームの製品の企画を重点に美濃焼産地で一番よい品、清水焼き風、黄瀬戸、織部、志野、赤楽焼き、南蛮焼き等々の素材でよりお値打ちな器を全国に提供。

株式会社賞美堂本店

〒844-0009 佐賀県西松浦郡有田町中の原1-1-13 tel:0955-42-2261

白磁の美しさ、文様の華やかさ、技巧の高さ等に於いて400年余もの間、日本の磁器の世界を代表してきた有田焼。賞美堂本店は1948年の創業以来、「時代をこえて美しく」をテーマに、有田焼の伝統的技術と叡智を窯元・職人と共に伝承しつつ、格調高雅な製品をプロデュース。オリジナル・ブランド『其泉（きせん）』では、いつの時代にも普遍的な優美さを表現する製品を展開し、有田焼の製品を眺めて楽しむだけでなく、日常の暮らしに取り入れられるように企画・制作。直営店舗は、佐賀県有田町の中の原本店、アリタセラ店、東京店（帝国ホテル内）で展開。

https://shop.shobido-honten.com/

ヤマコー株式会社 岐阜本部ショールーム

〒500-8356 岐阜県岐阜市六条江東3丁目1番9 tel:058-274-9272

木製品を中心に、竹・漆・陶器・紙・金属・硝子まで、多岐に渡り天然素材のよさを生かし、実用性と美しさを兼ねそろえた20,000点以上の製品を開発・販売。ホテルや旅館、レストラン向けの業務用の器や道具・什器から、店舗の設計、施工までも取り扱い「食の演出のスペシャリスト」ともいうべく、さまざまな業態、スタイルの店舗、顧客のニーズに合うよう、きめ細やかに対応。

https://yamaco.jp/

株式会社利左エ門

〒859-3726 長崎県東彼杵郡波佐見町稗木場郷548-3 tel:0956-85-4716

今から約400年前の、慶長3年（1598年）文禄・慶長の役に参加した大村藩主・大村嘉前が連れ帰った朝鮮の陶工 李祐慶が、波佐見町下稗木場窯や村木の畑の原・古皿屋などに階段状連房登窯を築き、焼き物作りをしたことが始まりと伝えられている波佐見焼。利左エ門窯は、豊かな自然に囲まれた波佐見の地で江戸時代中期から藩窯業発展の要の役を成すなどして、産地と共に歩んで現在に。1968年に窯を初代の名から『利左エ門窯』と命名し1991年 波佐見焼発祥の地 稗木場に移転、当代、13代目は、古の伝統を受け継ぎながら、現代の多彩な食生活に合うモダンで温かみのある器を作陶。手仕事の技、人の温もりを感じながら時間を重ねることで、変化が楽しめる器を提案。

http://www.rizaemon.jp/ Instagram:rizaemongama

株式会社ADVAITA

〒501-6091 羽島郡笠松町字松栄町31 第二林ビル1F tel:058-260-3013

お祝いの席や、家族やお友達とのホームパーティなどを楽しく華やかにするテーブルウェアを、日本の伝統工芸である和紙や水引きを使い、おもてなしの心を伝え生活を豊かにし、現代の生活シーンや感性にあったデザイン性の高いテーブルウェアを発信しています。

info@advaita-japan.co.jp

Arisa.

〒441-1354 愛知県新城市片山字西野畑548-11 グリーンフラッツ101 tel:090-5604-3124

スピリチュアルセラピストとしてカウンセリングセッションを中心に、カラーセラピー・オーダーパワーストーンブレスレット・エネルギーヒーリング・フラワーエッセンスなどが取り入れられ、ライトワーカーに気づきを与え、セラピストの育成としてスクールも開講。 資格取得は新たな自分自身の扉を開くきっかけのひとつになっているとの考えのもと「Be Happy!! Be Smile!!～笑顔になる!! 幸せになる!!～」の言葉通り、笑顔、幸せ、愛を届ける業務を展開。

https://www.arisa-angels.com/ Instagram:arisa.angels

八昇製菓株式会社
〒515-0001 三重県松阪市大口町1510-45 tel: 0598-51-1260

40数年の歴史の中で、製菓一筋で技術や経験を積み重ね、その時代その時代に合った機械も導入し、仕事の効率をよくするための環境整備も充実。物心両面で幸福になるために、また、いつまでも顧客の身近な存在であり続けられるように、多角的な事業展開を継続。「暮らしを彩り、心豊かに、家族が集い、語らい、微笑む。それはささやかな、それでいて大切な幸福の時間」。そんな毎日を幸福で包み、心優しく溶け込んでいくこだわりの味を提案。

http://8-shou.co.jp/ougi/

Buona Tavola Tricolore
〒503-0974 岐阜県大垣市久瀬川町2-40 tel:050-6869-1669

トリコローレは夫婦2人で営む小さな飲食店。できるだけ地産地消・自家製にこだわって、子どもから大人まで楽しめる店舗を展開。ケータリング、弁当、イベントフードも対応可能。料理と共に楽しむトリコローレセレクトのワインにも注目。

http://b-t-tricolore.com/ Instagram:buona_tavola_tricolore

ホテルグランヴェール岐山
〒500-8875 岐阜市柳ヶ瀬通6丁目14番地 tel:058-263-7111

美濃焼きの伝統的な作家作品の紹介と共に業務用食器（1952 岐山荘、1973 岐山会館、1998 ホテルグランヴェール岐山公立学校共済組合岐阜宿泊所）として岐阜市佐久間町に誕生した「岐山荘」から65年。約半世紀に渡る歴史を今に。「古きよき伝統を受け継ぐだけでは、これからの50年はない」との言葉を胸に常に新しいサービスを創造。

http://grandvert.com/ Instagram: hotel_grandvert_gizan

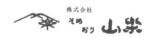

株式会社そめおり山楽
〒602-8492 京都市上京区歓喜町217-1 tel:075-415-7799

呉服・和装小物全般を取り扱い、創業より40年。気軽に着物を着て、着物を着る喜びを感じて欲しいとの一心で、「東京友禅作家 加納知之」、西陣帯メーカー「菱屋善兵衛（木野織物）」、「梅垣織物」等の協力・支援の元、高品質なものを特別価格で提供。従来の慣習を大切にしながらも、現代の感覚にマッチした「着物」が楽しめ、「きものトータルコーディネートの会」、「きものの'き'」など、着物が身近に感じられるイベントや勉強会も開催。

Instagram: someoris

モイスティーヌ岐阜販売
〒500-8441 岐阜市城東通5-23-1 tel:058-276-9357

「素肌は美しさを語る上で欠かせないもの」との変わらない信念の元、肌トラブルに負けずに過ごせ、美しい肌への憧れに応えるために尽力。「素肌が変われば、人生が変わる。いつまでも、凛と美しく、自身に満ちた美しい肌が、人生を輝かせる理想的な美肌作り」を習慣にできる独自のメソッドで女性の美を追求。

https://www.moisteane.com/ Instageam: moisteane.gifu

STUDIO C-PWS
〒502-0926 岐阜県岐阜市旦島 4-8-11 tel:058-213-0103

http://c-pws.com/ Instagram: studiocpws

Epilogue［エピローグ］

2020年、新しい年の幕開け。
ワクワクした気持ちでスタートされた方も多いことでしょう。
私たちにとっても
新しいこの書籍を手にし、幸せな瞬間を迎えています。
私たちの日常で「お茶を飲む」ということは
ごく当たり前に毎日毎日繰り返されていることです。

1人静かに読書をする時のお供に。
アフタヌーンティーでは、お気に入りの紅茶を何度もおかわりしたり。
時にはアルコールを入れたティーで
就寝前のリラックスを。
と、お茶を飲むということは私たちの心身を満たしてくれ、リフレッシュさせてくれる大切なもの。

このたびの書籍ではこのお茶を飲むことをポイントに
おもてなしのティータイムにテーブルコーディネートを合わせ
多くのシーンを作り出してみました。

お好きなシーンはあったでしょうか？

皆様の大切なお茶の時間がより満たされ、そして、幸せな時になるように、この本がお役に立てたら幸いです。

一般社団法人 ジャパンテーブルコーディネート協会
代表理事　和田よう子

**おもてなしのティータイムと
テーブルコーディネート**
Tea Time &
Table Coordinate

2020年1月22日　第1刷発行

著　者　和田よう子
写　真　高山栄一 STUDIO C-PWS
発行所　株式会社フォーシーズンズプレス
　　　　〒101-0051 東京都千代田区神田神保町3-2-4 田村ビル5F
電　話　03-6261-4770
http://www.fourseasonspress.co.jp
印　刷　音羽印刷株式会社